LE CŒUR

DE

FRANÇOIS DE SALES

PAR SES CONTEMPORAINS

—

CENT ET UNE CONSIDÉRATIONS

sur les vertus intimes de cet aimable Saint

*Bény soit le cœur de mon père
aux siècles des siècles.*
(Ste Chantal, — *Lettres*.)

SEPTIÈME ÉDITION.

—

ANNECY

BURDET, LIBRAIRE-ÉDITEUR

—

1872

LE CŒUR

DE

SAINT FRANÇOIS DE SALES

PEINT PAR SES CONTEMPORAINS

LE COEUR

DE

SAINT FRANÇOIS DE SALES

PEINT PAR SES CONTEMPORAINS

TRENTE ET UNE CONSIDÉRATIONS

Sur les vertus intimes de cet aimable Saint

> Bény soit le cœur de mon père
> aux siècles des siècles.
> (Ste Chantal, — *Lettres.*)

SEPTIÈME ÉDITION.

ANNECY

CHARLES BURDET, LIBRAIRE-ÉDITEUR

—

1872

APPROBATION

DE S. G. MONSEIGNEUR L'ÉVÊQUE D'ANNECY.

Nous bénissons l'idée qui a inspiré cet opuscule en consacrant tous les jours du mois au culte et surtout à l'imitation spéciale de notre bon saint François de Sales, et nous recommandons avec bonheur la lecture des considérations réunies dans ce petit livre. Elles peignent avec une suavité de langage et une sûreté de touche inimitables les sentiments exquis, divins, qui ornaient l'âme angélique du bienheureux Prélat, et elles montrent, dans leur source même, les vertus qui ont animé sa vie.

† C.-MARIE,
Évêque d'Annecy.

Les trente et une *Considérations*, que
nous offrons au public dans cet opuscule, pourront fournir le sujet de sa-
lutaires méditations pour tous les jours
du mois. Elles présentent, dans leur
ensemble, un tableau fidèle, assez com-
plet et très-délicatement touché des
vertus intimes de saint François de
Sales.

Empruntées textuellement aux au-
teurs contemporains du Bienheureux,
ces citations nous auraient semblé
perdre le meilleur de leur arôme, si
l'on eût essayé d'en moderniser le
style et les naïves expressions. Nous
n'avons donc pas touché aux textes
originaux.

Pour résumer chaque considération, et pour joindre les enseignements du Saint à ses exemples, nous avons inséré, à chaque jour, en forme de *bouquet spirituel*, une recommandation pratique, extraite des ouvrages du bienheureux Évêque de Genève.

Enfin, aux dernières pages, le lecteur trouvera quelques prières en l'honneur du plus aimable des Saints.

(Note de l'Éditeur.)

PREMIER JOUR.

Entière conformité de saint François de Sales au bon plaisir de Dieu.

Notre bienheureux Père ne prétendait autre chose que la plus grande gloire de Dieu et l'accomplissement de son bon plaisir; aussi disait-il que la divine volonté était la souveraine loi de son cœur et qu'en cette vie il fallait faire l'oraison d'œuvre et d'action : que la meilleure prière qu'on puisse faire c'est d'acquiescer entièrement au bon vouloir de Notre-Seigneur.

M. Michel Favre, son confesseur, assura qu'il a toujours cru que ce Bienheureux avait quelque secrète intelligence avec Notre-Seigneur pour sa conduite intérieure et une particulière connaissance de ses secrets.

Aussi, on ne l'a jamais vu troublé ni ennuyé quand les affaires lui survenaient à l'imprévu, les unes sur les autres; ains. il les recevait avec douceur de la main de Dieu et non pas selon la raison humaine, ne regardant pas les choses en ce qu'elles sont en elles-mêmes, mais en Celui qui les envoyait. Ainsi, il était toujours en oraison puisqu'il tenait son cœur exposé au bon plaisir de Dieu, auquel il acquiesçait simplement.

(*Dép. de Ste J. de Chantal*)

Il animait toutes ses actions du seul motif du divin bon plaisir. C'était la grande pratique de notre bienheureux Père : Il faisait tout pour Dieu et recevait tout de sa main, selon que la Providence le lui présentait, et, par ce moyen, il tenait toujours son âme en paix et unie avec Dieu.

Ste JEANNE DE CHANTAL. (*Réponses*)

BOUQUET SPIRITUEL.

Voyons une quantité de biens intérieurs et extérieurs, comme aussi un nombre très-grand de peines intérieures et extérieures que la Providence divine nous a préparées, selon sa très-sainte justice et miséricorde : Et, comme ouvrant les bras de notre consentement, embrassons tout cela très-amoureusement, acquiesçant à sa très-sainte volonté et chantant à Dieu, par manière d'un hymne éternel d'acquiescement : *Votre volonté soit faite en la terre comme au ciel.*

(*De l'Amour de Dieu*, liv. IX. chap. 1.)

DEUXIÈME JOUR.

Sa parfaite indifférence dans la conformité au bon plaisir de Dieu.

L'indifférence de son cœur angélique a été tout à fait admirable. Il aimait également le doux et l'amer, le repos et la peine, la vie et la mort : si qu'il n'eût pas plus tôt choisi l'une de ces choses-là que l'autre, sinon que l'éternelle Majesté lui eût donné à connaître son divin plaisir, car alors il se fût déterminé sur-le-champ. Et tout cela se passait en lui paisiblement, sans réplique, sans contradiction de la partie supérieure, sans si, sans non, sans peut-être, sans oh ! mais.

Les eaux de Siloé, au rapport de la sainte Écriture, coulaient en silence, c'est-à-dire qu'elles fluaient si imperceptiblement qu'à peine y eût-on su apercevoir le moindre flot ou reflot ; de même, la conformité qu'il avait au bon plaisir de Dieu, par la voie d'indifférence, se faisait en lui si bellement et plaisamment, qu'on n'y eût pas pu discerner le moindre bruit ni le moindre ondoyement du cœur. Voire! et comment y aurait-il eu en son cœur quelque entrechoquement de vagues, vu que son appétit raisonnable était comme anéanti, perdu, absorbé, abîmé et converti au pur vouloir de Dieu? Oh! non, tout vivait en une profonde paix chez lui, car il ne voulait plus, ains laissait vouloir Dieu en lui et pour lui.

P. DE LA RIVIÈRE.

BOUQUET SPIRITUEL.

Si je ne veux que de l'eau pure, que m'importe-t-il qu'elle me soit apportée dans un vase d'or ou dans un verre?... Qu'importe-t-il que la volonté de Dieu me soit présentée en la tribulation ou en la consolation, puisqu'en l'une et en l'autre je ne veux ni ne cherche que la volonté divine?

(*De l'Amour de Dieu*, liv. IX, chap. IV.)

TROISIÈME JOUR.

Son amour constant dans la conformité au bon plaisir de Dieu.

———

Jamais cœur ne fut plus tendre pour Dieu, ni plus fort et plus constant que le sien pour se conformer à toutes ses volontés. Il avait gravé fermement en son esprit cette vérité : que Dieu fait tout pour notre bien. C'est ce qui le tenait dans une indifférence et une paix parmi les accidents les plus fâcheux, que je ne crois pas qu'il soit facile d'exprimer. Il étonnait tous ceux qui le voyaient en ces rencontres, car on peut dire que les tempêtes et les orages des afflictions et traverses de cette vie venaient fondre contre un rocher de constance, qu'elles ne pouvaient ni ébranler ni salir de leur écume.

Cet homme angélique, ayant toujours la vue sur le bon plaisir de son Maître, allait, s'arrêtait, reculait, s'avançait à mesure qu'il lui en donnait signe. Ce ne lui était pas assez de ne point déplaire à son pur amour, il désirait lui plaire ; il ne lui suffisait pas de lui plaire, il lui voulait beaucoup plaire. Il ne se contentait pas de ne le point mécontenter, il s'efforçait de le contenter ; il ne s'arrêtait pas à le contenter, il mettait ordre à le pleinement contenter ; et, s'il eût su de lui agréer un peu davantage par telle et telle voie, il l'eût entrepris, quand il lui eût dû coûter la vie.

P. DE LA RIVIÈRE.

BOUQUET SPIRITUEL.

Il faut que vous fassiez, toutes les semaines une fois, un examen particulier d'aimer la volonté de Dieu plus que nulle autre chose, et cela, non-seulement aux occasions supportables, mais aux plus insupportables. *(Lettres.)*

QUATRIÈME JOUR.

Son attention à la présence de Dieu.

« Pour moi je pense, écrivait ce cher Saint, que nous nous tenons en la présence de Dieu, même en dormant; car nous nous endormons à sa vue, à son gré et par sa volonté, et il nous met là sur le lit comme des statues dans une niche, et, quand nous nous éveillons, nous trouvons qu'il est là auprès de nous. Il n'en a point bougé, ni nous aussi; nous nous sommes donc tenus en sa présence, mais les yeux fermés et clos. »

(Lettres.)

Le Bienheureux déclara en confiance que tous les matins, aussitôt qu'il se réveillait, il se sentait saisi de la divine présence: ce qui ne peut provenir de l'imagination, d'autant que, durant le sommeil, elle est confuse, muable, errante et vagabonde. Mais ce saint homme ne manquait point de se voir ainsi mignardement caressé et prévenu des célestes bénédictions tous les jours, à mesure

que le sommeil le quittait et que ses sens se
déliaient. O Dieu ! combien est abondante la charité de votre cœur ! Voilà comme, dès la fin
aube, vous attendiez au pied de son lit pour ou-
vrir les rideaux, soudain qu'il aurait ouvert les
yeux et lui donner le bonjour.

P. DE LA RIVIÈRE.

BOUQUET SPIRITUEL.

Rappelez le plus souvent que vous pourrez
parmi la journée, votre esprit en la présence de
Dieu par l'une des quatre façons que je vous ai
remarquées ; regardez ce que Dieu fait et ce que
vous faites : vous verrez ses yeux tournés à
votre côté et perpétuellement fichés sur nous par
un amour incomparable.

(Vie dévote, 2e part , chap. XII.)

CINQUIÈME JOUR.

Sa modestie et son respect envers la présence de Dieu.

Il était tellement attentif à la sainte présence
de Dieu, qu'un jour notre bienheureuse Mère lui
demanda : « Mon Père, vous êtes toujours en la
présence de Dieu ? » — Il lui répondit de bonne
grâce : « Ma Mère, il vous semble qu'il n'appartient
qu'à vous de vous tenir en la présence de Dieu ;
n'est-il pas partout ? N'y faut-il pas toujours penser ? Quand je suis devant les rois et les grands
du monde, je ne change point de maintien ; partout où je suis, je me tiens de même, en ma
chambre comme en compagnie, par le respect que
je porte à la sainte présence de Dieu. »
Une sœur tourière de la Visitation lui dit une
autre fois : « Monseigneur, vous tenez la vue
basse en marchant dans les rues de la ville ? » Il
lui répondit : « Ne faut-il pas faire ainsi pour
marcher en la présence de Dieu et y demeurer ? »

« Je ne le pouvais regarder qu'avec admiration sur tout son maintien, » assura la sainte Mère Chantal. *(Mémoires du temps.)*

BOUQUET SPIRITUEL.

Les aveugles, ne voyant pas un prince qui leur est présent, ne laissent pas de se tenir en respect, s'ils sont avertis de sa présence.

(Vie dévote, 1re partie, chap. II.)

La modestie doncques nous assujettit toujours en tout le temps de notre vie, à cause que les Anges nous sont toujours présents, et Dieu même, pour les yeux duquel nous nous tenons en modestie. *(Entretien de la modestie.)*

SIXIÈME JOUR.

Son recueillement en Dieu.

Il n'est pas possible d'exprimer la diligence dont il usait à cultiver son intérieur. Il examinait ponctuellement les moindres fétus et les plus menus brins de ses défauts avec entière résolution de s'en corriger, car il n'avait pas seulement juré inimitié avec ce qui le pouvait rendre désagréable à Dieu, ains encore avec tout ce qui l'eût pu empêcher de lui être davantage agréable.

Il était toujours si présent à soi, que rarement faisait-il quelque chose par surprise ou inadvertance: son esprit se tenait continuellement en la présence de Dieu, et l'habitude qu'il en avait contractée était si forte, que ses pensées, paroles et actions n'étaient qu'un perpétuel flux et reflux de penser, dire et faire tout en Dieu, pour Dieu et selon Dieu.

Ne plus ne moins que le baume se liquéfie et

coule du côté du feu qui le touche de sa chaleur, de même son cœur, échauffé de la flamme de la divine bonté, se fondait et s'écoulait en icelle imperceptiblement et s'y entretenait par une admirable complaisance ; de là venait que ses yeux, son front, son parler, son visage et son maintien exhalaient la souëve odeur de cette sacrée présence, et qu'en quelque lieu qu'il entrât, il semblait que Dieu y entrât quant et lui.

Certainement, l'âme de ce béni personnage ne se plaisait qu'en son Dieu, elle ne vivait que de lui, elle ne soupirait, aspirait et respirait qu'après lui, à lui et par lui Dieu était son air, son élément et aliment.　　　　P. DE LA RIVIÈRE.

BOUQUET SPIRITUEL.

Ressouvenez-vous doncques, ô Philothée, de faire toujours plusieurs retraites en la solitude de votre cœur, pendant que corporellement vous êtes parmi les conversations et affaires ; et cette solitude mentale ne peut nullement être empêchée par la multitude de ceux qui vous sont autour ; car ils ne sont pas autour de votre cœur, ains autour de votre corps ; si que votre cœur demeure lui tout seul en la présence de Dieu seul.

　　　　(*Vie dévote*, 2e partie, chap. XII.)

SEPTIÈME JOUR.

Son admirable paix intérieure.

Que dirions-nous maintenant de cette désirable paix, qui était la très-chère, la très-fidèle et perpétuelle hôtesse de son cœur, et laquelle reluisait magnifiquement en son visage angélique, en ses yeux colombins, en ses emmiellées paroles, en son vénérable maintien? Paix qui avait tellement pris racine en son intérieur, que toutes les puissances du monde et de l'enfer n'étaient pas capables de l'arracher.

Le cardinal de Bérulle, parlant de lui, avouait qu'il possédait une paix imperturbable. Et cela ne se peut nier, car si bien quelquefois, ensuite de la fragilité humaine, le calme de sa conscience venait possible tant soit peu à s'altérer, soudain ce petit flottement s'accoisait et ne durait pas un tour de main, ainsi que les divisions de l'eau, de l'air et du feu se rejoignent incontinent et se réunissent comme auparavant. Lui aussi prisait tant ce sacré repos, qu'il le préférait absolument à tout ce qui est de plus souhaitable en cette vie.

Il jouissait donc d'une profonde et très-intime paix, non pour autre raison que parce que le Dieu de paix habitait ordinairement en lui, et quoique souvent il sentît des soulèvements en sa poitrine, si ne faisait-il jamais pourtant aucune turbulente saillie, tant il était maître de ses passions.

P. DE LA RIVIÈRE.

BOUQUET SPIRITUEL.

La paix est une sainte marchandise qui mérite d'être achetée chèrement

Le passeport des filles de Jésus-Christ, c'est la paix ; la joie des filles de Notre-Dame, c'est la paix.

Quand l'univers serait bouleversé sens dessus dessous, il ne faudrait pas se troubler, parce que l'univers ne vaut pas la paix de l'âme.

S'il ne p'aît pas à Dieu que nos projets réussissent, cela ne me plaît pas non plus, et il ne faut pas pour cela perdre le sommeil d'une heure.

(*Lettres.*)

HUITIÈME JOUR.

Son imperturbable calme.

Au demeurant, il disait qu'il ne savait point faire deux choses à la fois. La raison de ceci est qu'il ne pouvait approuver l'empressement, à cause que c'est l'origine et la source de beaucoup d'inquiétudes, imprudences, distractions et manquements. Et puis, il voulait bien faire ce qu'il faisait, à quoi est nécessaire l'attention.

Donc, sa coutume était de ne point se précipiter, d'achever les affaires l'une après l'autre et d'appliquer à chaque chose qu'il entreprenait ses bons désirs, ses bonnes affections, ses bonnes intentions et l'expérience qu'il avait acquise de longue main en la vie spirituelle, afin que, quoi qu'il fît, réussît ne plus ne moins qu'un rare chef-d'œuvre, accompli de toutes ses circonstances, à la louange du Créateur.

P. DE LA RIVIÈRE.

« Je ne sais comme je suis fait, mandait-il à sainte Chantal ; encore que je me sens misérable, je ne m'en trouble point, et quelquefois même j'en suis joyeux, pensant que je suis une vraie bonne besogne pour la miséricorde de Dieu. »

Ce parfait disciple du Sauveur avait acquis un tel pouvoir sur lui-même que rien ne troublait son repos et ne l'empêchait d'être libre. On le voyait toujours content, vivant en la paix du crucifix.

BOUQUET SPIRITUEL.

Exercez fort votre cœur à la douceur intérieure et extérieure, et tenez-le en tranquillité parmi la multiplicité des affaires qui se présentent à vous; gardez-vous bien des empressements qui sont la peste de la sainte dévotion, et continuez à tenir votre âme en haut, ne regardant le monde que pour le mépriser, ni le temps que pour aspirer à l'éternité.

(*Directeur spirituel des âmes dévotes et religieuses*.)

(*) Excellent opuscule composé entièrement d'extraits authentiques des ouvrages de saint François de Sales. Publié pour la première fois en 1634, il a été réédité dernièrement.

NEUVIÈME JOUR.

Sa vertu de religion.

Quant à ce qui concerne la Divinité, il n'est pas possible d'exprimer avec combien de démission intérieure et de modestie extérieure il en pensait, discourait et traitait. Oncques il n'en parlait que par manière de devis et entretien, ains continuellement très-soigneusement et très-respectueusement. Il soûlait aussi dire, qu'il ne fallait jamais prononcer le très-sacré nom de Jésus par coutume, ains toujours avec une particulière révérence, et qu'on se devait aussi donner de garde de ne point dire : Il fait trop froid, ou trop chaud, et choses semblables, d'autant que cela était trouver à redire au gouvernement de la divine Providence.

Encore convient-il de remarquer qu'il portait une singulière révérence aux reliques des Saints : il a été vu à genoux devant elles, avec tant de piété et dévotion, que seulement de le considérer en cette action, on se sentait vivement touché.

Spécialement les prédications agréaient à ce béni Prélat ; rarement il en perdait les occasions. Rien n'était bon en lui, disait-il, sinon qu'il écoutait volontiers les sermons.

P. DE LA RIVIÈRE.

BOUQUET SPIRITUEL.

La vertu de religion a pour sa propre et naturelle occupation de rendre à Dieu, autant que faire se peut, l'honneur qui lui est dû.
(*Étendard de la sainte Croix*, t. III, chap. 1.)

Il ne faut jamais parler de Dieu ni des choses qui regardent son culte, tellement quellement, mais toujours avec un grand respect, une grande estime et un grand sentime:.t.

(Esprit de s. Fr. de Sales.)

DIXIÈME JOUR.

Sa dignité dans les cérémonies sacrées.

Surtout il y avait du contentement à le voir officier pontificalement, soit aux Vespres soit aux Matines, soit aux grand'Messes des fêtes solennelles, car alors vous l'eussiez contemplé, non comme un homme terrestre, mais comme un ange du ciel. Il allait, il venait, il s'asseyait, il se levait, il se tenait debout en cet appareil avec une humilité rehaussée de grande majesté et avec une majesté tempérée de grande humilité. Et, quoiqu'il fût totalement ramassé en soi-même et attentif à soi-même, à cause du souverain respect qu'il rendait aux Mystères sacrés, si ne faisait-il pourtant aucun manquement ni aucune confusion, tant il était présent à son intérieur et extérieur.

Or, il avait la voix assez forte et chantait les louanges du Créateur d'un air médiocrement haut et mélodieux. Il était là, dans sa stalle, ainsi qu'une statue dans sa niche, sans se remuer. sans s'inquiéter, sans s'empresser, sans regarder ni çà ni là. Il n'était point sujet aux distractions, car, par une grâce spéciale, il faisait ce qu'il voulait de son esprit, et, l'appliquant à la prière, il ne pensait qu'à la bien faire.

P. DE LA RIVIÈRE.

Notre Bienheureux était dans une continuelle plénitude de Dieu, ce qui le rendait resplendissant et lumineux, surtout aux grandes fêtes.

(Dép. de la Sœur M.-A. Fichet.)

BOUQUET SPIRITUEL.

Pour vrai, l'essence de la prière est en l'âme: mais la voix, les actions et les autres signes extérieurs sont de nobles appartenances et très-utiles propriétés de l'oraison.   (Controverses.)

ONZIÈME JOUR.

Sa dévotion au très-saint Sacrement de l'autel.

Que dirons-nous du respect et de la souveraine révérence en laquelle il se tenait à l'église lorsque le très-auguste Sacrement était exposé à découvert? Hélas! si vous l'eussiez là vu à genoux avec une si profonde démission, avec une contenance si modeste et avec une attention si sérieuse que rien plus, oncques vous ne l'eussiez aperçu regarder ni çà ni là. Il ne crachait point, il ne remuait point, il semblait immobile comme une statue dans sa niche. Jamais il ne se couvrait de son bonnet carré, non pas même de sa calotte. ains demeurait la tête nue, en quelque temps que ce fût. Il avait la tête chauve, et. quoique les mouches le piquassent jusqu'au sang, car on la lui a vue souvent ensanglantée en divers endroits. jamais pourtant il ne les chassait, aimant mieux souffrir patiemment, et sans se bouger, cette pressante importunité, que de commettre la moindre incivilité en la face de son doux Maître.

Au demeurant, il avait une pleine confiance en ce divin Sacrement, il y recourait en toutes ses nécessités avec un cœur entièrement filial, et toujours il y trouvait du secours.

P. DE LA RIVIÈRE.

BOUQUET SPIRITUEL.

Notre-Seigneur est voilé en l'Eucharistie ; mais cela ne doit pas empescher qu'il n'y soit adoré ; car ainsi fut-il adoré des roys, voilé des langes et emmailloté.

Certes, nous devrions faire cent mille fois le jour des adorations à ce divin Sacrement, en reconnaissance de cet amour avec lequel il demeure parmy nous.   (*Sermons.*)

DOUZIÈME JOUR.

Sa dévotion au très-saint sacrifice de la Messe.

Depuis qu'il fut prêtre et évêque, ô mon Dieu ! comme il était assidu à célébrer le très-vénérable et très-adorable sacrifice de la Messe ! A la ville, aux champs, en voyage, il n'eût pas été à son aise s'il eût laissé couler un jour sans se présenter à l'autel, afin d'y présenter au Père éternel l'incomparable présent que son Fils éternel nous a commandé de lui offrir. Certainement il y avait de la consolation à le voir lorsqu'il s'approchait du saint autel ; car c'était avec un respect, une révérence et un maintien tout extraordinaire ; aussi y recevait-il des merveilleuses lumières et faveurs célestes.

Et en considération de son grand respect envers cet amoureux Sacrement, il révérait profondément tous les Ministres du saint autel, et notamment les prêtres, à cause du nécessaire rapport qu'ils ont à ce sacrifice non sanglant : aussi n'eût-il souf-

fert qu'ils lui eussent rendu le moindre service
du monde.   P. DE LA RIVIÈRE.

Il avoua une fois lui-même que si, au milieu
de toutes ses occupations, on lui eût demandé ce
qu'il faisait, il eût répondu qu'il se préparait à
célébrer la sainte Messe.   P. TALON.

BOUQUET SPIRITUEL.

Le soleil des exercices spirituels, c'est le très-
saint, très-sacré et très-souverain sacrifice de la
Messe, centre de la religion, cœur de la dévotion,
âme de la piété.

Faites doncques toutes sortes d'efforts pour
assister tous les jours à la sainte Messe. Si, par
quelque force forcée, vous ne pouvez pas vous y
rendre présente d'une présence réelle, au moins
faut-il que vous y portiez vostre cœur pour y
assister d'une présence spirituelle.

(*Vie dévote.* 2e part., chap. XIV.)

TREIZIÈME JOUR.

Ses tendres sentiments envers la très-sainte
Communion.

———

Comme on lui demandait un bon moyen pour
se bien communier. » Ah! Dieu, ma chère fille,
dit-il, hélas! que me demandez-vous, ...
savez-vous pas qu'il faut se rendre tout sembla...
à Dieu, pour que Dieu veuille être dedans nous et
qu'il faut vivre comme Lui, pour vivre et demeurer avec Lui? Mon Dieu, ajouta-t-il, quand je
... à ce que je vous dis, il me semble que mon
... cœur s'en va fendre, et qu'il me dit : Ah!
... ésus! car je ne veux et ne puis vivre que
... sus! Ah! mon Jésus! ah! et qui sommes-
... me? et sommes-nous comme votre très-
... Mère qui, vous portant dans son sein, ne
... que comme doivent vivre tous ceux qui vous
... reçoivent dans le très-pur et très-auguste Sacre-
... ment de la très-sainte Eucharistie? « Disant
3

cela, deux ou trois grosses larmes lui tombaient des yeux, qu'il essuya en s'écriant doucement qu'il pleurait de joie et qu'il était impossible de s'en abstenir en un si doux sujet.

P. TALON.

BOUQUET SPIRITUEL.

Vraiment, ma chère fille, il ne faut pas laisser la communion pour cette sorte de mal (les sécheresses) ; car rien ne ramassera mieux votre esprit que son Roi ; rien ne l'eschauffera tant que son soleil, rien ne le détrempera si suavement que son baume.   (*Lettres.*)

QUATORZIÈME JOUR.

Sa conformité à Notre-Seigneur Jésus-Christ.

—

Après avoir lu et considéré soigneusement la vie de tous les Saints, qu'il incorporait par chaque jour dans ses mœurs, il se mit à imiter le Saint des Saints; où il réussit avec tant de bonheur, qu'il a porté dans son siècle la plus vive image de la conversation du fils de Dieu parmi les hommes; s'étant du tout habitué à sa présence et conformé à toutes ses actions.   P. CAUSSIN.

Il semble que le Père éternel avait pris plaisir de le former sur son Fils bien-aimé, et le rendre une des plus parfaites copies de cet adorable Original. Aussi plusieurs personnes de rare piété et mérite n'ont pas craint de dire qu'en voyant ce saint homme il leur semblait voir le Sauveur conversant avec nous sur la terre, tant il portait sur son visage et en ses paroles les caractères de la bonté et de la douceur de Jésus-Christ. Et je ne sais s'il y a jamais eu un saint qui ait pratiqué plus excellemment la leçon de Jésus-Christ : *Apprenez de moi que je suis doux et humble de cœur.* Et cela sans mystère ni façon, mais avec une générosité aussi surprenante que sou humilité était profonde et solide. Il n'avait autre vue de lui-même, sinon que franchement et simplement il s'estimait un grand pécheur.   (*Un ancien auteur.*)

BOUQUET SPIRITUEL.

Quand il se présente quelques sujets d'exercer la vertu, voyez aussitôt comment Notre-Seigneur l'a exercée quand il vivait ici-bas parmi les hommes ; et puis, animez votre cœur d'une amoureuse imitation ; or sus, direz-vous, allons, suivons, imitons le bon Jésus notre Maître.   (*Lettres.*)

QUINZIÈME JOUR.

Son humilité.

Or, ce grand serviteur de Jésus-Christ a toujours caressé, mignardement et tendrement chéri, la sainte vertu d'humilité ; en signe de quoi il se plaisait, parmi les gens de basse condition, à ouïr leurs nécessités, à les visiter au temps de maladie, à être leur compère et à s'entretenir avec eux. Jamais aussi il ne méprisait personne, ains portait un singulier respect à qui que ce fût.

P DE LA RIVIÈRE.

Il était parfaitement humble, non qu'il fît des contenances ou qu'il dît des paroles d'humiliation, sinon fort rarement et quand le cœur les lui dictait ; car il parlait fort peu de lui et de ses appartenances, et disait qu'il ne fallait parler de soi ni en bien ni en mal, et que de se louer ou de se blâmer était une même racine de vanité. Son humilité était cordiale, noble, véritable et solide, qui le rendait totalement indifférent à l'honneur ou au mépris. Il avait une très-basse estime de lui-même, il aimait le mépris et sa propre abjection, et faisait très-grand état de cette pratique. Il me dit une fois qu'il avait travaillé trois ans entiers pour acquérir cette vertu, qu'il aimait et estimait souverainement.

Il avait en son port et dans toutes ses actions une merveilleuse majesté, mais accompagnée d'une si grande humilité qu'il se rendait accessible à tous. *(Déposition de sainte Chantal.)*

BOUQUET SPIRITUEL

Demeurez en votre abjection, comme dans la chaîne de votre excellence ; et soyez vaillamment humble en celui qui fit le grand coup de sa puissance en l'humilité de la croix.

Soyez toujours bien petite, et rapetissez-vous tous les jours devant vos yeux. O Dieu ! que c'est une grandeur bien grande que cette petitesse ! *(Directeur spirituel.)*

SEIZIÈME JOUR.

Son humble douceur.

—

Ce grand Saint surmontait patiemment et généreusement ses passions, et avait dit qu'il ne s'était jamais fâché qu'une seule fois en toute sa vie, dont il s'est toujours repenti. Il renonçait très-facilement à ses plus menues inclinations et affections, et allait avec grand effort contre ses propres aversions et répugnances.

Il était bien content quand on lui faisait voir quelques imperfections qu'on remarquait en lui, et prenait grande peine et soin assidu le matin, à midi et au soir, d'avoir une suavité et douceur de cœur continuelles envers soi-même et le prochain, tenant toujours son âme dans ses mains dans une grande tranquillité.

Il faisait l'amour à son propre cœur et recherchait continuellement sa propre abjection. Son visage était toujours riant, ses paroles emmiel-

lées et remplies de douceur. Il m'a dit qu'il tra-
vailla plusieurs années ne pensant à autre chose
qu'à acquérir l'humilité et la douceur.
(Déposition de la Sœur M.-A. Fichet.)

BOUQUET SPIRITUEL.

Mettez donc tous les matins vostre cœur en
posture d'humilité, de douceur et de tranquillité;
de mesme après dîné, après grâces, après vespres et souvent parmi la journée. Or, je sais bien
que vous avez trop souvent sujet d'exercer l'a-
mour du mépris, des rebuffades et de votre propre abjection, dans les diverses remontres qui vous
sont à présent fréquentes; faites bien cela, c'est
le grand point d'humilité de savoir vivre, honorer
et s'entretenir dans les occurrences et à propos,
avec ceux que nous savons nous être contraires.
(Directeur spirituel.)

DIX-SEPTIÈME JOUR.

Son inaltérable douceur.

———

Quelqu'uns ont estimé que cet aimable Prélat possédait naturellement cette attrayante qualité de la douceur, mais ils me pardonneront ; au contraire, il était de sa naturelle complexion, ainsi que ceux de sa race, fort enclin à la colère.

Il a donc emporté la victoire sur sa bouillante passion à force de bras, en travaillant continuellement à se vaincre soi-même, spécialement avec l'assistance de la grâce céleste. Il sentait parfois, oui, des importunes émotions et des violents assauts en l'appétit irascible, encore que cela ne parût au dehors. L'importance est qu'il ne leur laissait pas gagner pays, ains leur fermait passage incontinent.

Un jour, étant allé trouver un sien familier, « Je vous assure, lui fit-il, qu'il ne s'en est guère fallu que je ne me sois fâché à bon escient. J'ai été contraint de saisir ma colère au collet, de la gourmander et fouler aux pieds. »

Enfin, ce prudent personnage, se trouvant souvent parmi les flammes et les brasiers de maintes contradictions, oppositions et persécutions, retenait toujours néanmoins sa paix, son cœur demeurait toujours en bonace, jamais il ne bruyait, jamais il ne se courrouçait, il ne tintamarrait jamais.

P. DE LA RIVIÈRE.

BOUQUET SPIRITUEL.

Faites avec un soin particulier tout ce que vous pourrez pour acquérir la douceur entre les vôtres, je veux dire en votre ménage ; je ne dis pas qu'il faille être molle ni remise, mais douce et suave. Il y faut penser entrant en la maison, sortant d'icelle, y étant le matin, à midi, à toute heure.

(Lettres.)

DIX-HUITIÈME JOUR.

Sa débonnaireté envers ses ennemis.

———

Tout était si parfait en lui, qu'on n'a rien trouvé à redire, en sorte que ses ennemis ont été contraints d'inventer des malices pour l'accuser injustement, sans que jamais il se soit justifié. Il était dans ces rencontres comme une boutique de parfums qui s'exhalait au ciel, au Père des lumières et des miséricordes, trouvant sa joie en souffrant pour l'honneur et gloire de Dieu, qu'il priait sans cesse pour ses ennemis, à l'imitation de son Sauveur. Sa grande douceur et ardente charité étaient le remède à tous les maux.

(Dép. de la Sœur Fichet.)

Ceux qui l'ont fréquenté de longue main ont assuré qu'il était si fort amateur des opprobres, que, pour gagner ses bonnes grâces et n'être éconduit en rien de ce qu'on eût su désirer de lui, il ne fallait que l'offenser et lui faire quelqu'affront ;

car, dès lors, il recherchait toutes les occasions d'honorer et gratifier ceux qui l'avaient désobligé.

Certaines personnes, sans aucune raison, le tracassèrent grandement, et lui donnèrent de violents sujets de mécontentement. Néanmoins leur chef, de là à peu de jours, le venant requérir de quelques gratifications fort importantes, soudain ce béni serviteur de Dieu lui accorda tout ce qu'il sut désirer avec une franchise et débonnaireté non pareilles. Ceux qui savaient le tout s'étonnèrent beaucoup de sa facilité, mais il leur répondit sur-le-champ : « S'il m'eût demandé un de mes bras, je le lui eusse donné. »

P. DE LA RIVIÈRE.

BOUQUET SPIRITUEL.

Pourquoi ne supporterons-nous pas ceux que Dieu même supporte, ayant ce grand exemple devant les yeux, Jésus-Christ priant en croix pour ses ennemis ? Encore ne nous ont-ils pas crucifiés, encore ne nous ont-ils pas persécutés jusqu'à la mort, encore n'avons-nous pas résisté jusqu'au sang. Mais qui ne l'aimerait, ce cher ennemi, pour qui Jésus-Christ a prié, pour qui il est mort ?

(Esprit de s. Fr. de Sales.)

DIX-NEUVIÈME JOUR.

Sa charité pour le prochain.

—

Il établissait sa dilection envers le prochain sur les solides perfections spirituelles, en témoignage de quoi il caressait ordinairement davantage les personnes laides, rustiques et de mauvaise grâce, à cause qu'en icelles il ne voyait que Dieu.

Enfin, il n'est pas possible exprimer combien cordialement et affablement il se familiarisait à un chacun, pour pauvre et nécessiteux qu'il fût. Il consolait et conseillait indifféremment quiconque en avait besoin ; il oyait les confessions de simples femmes, les matinées toutes entières ; il visitait les misérables et destitués de secours humains en leurs maladies et n'en méprisait aucun.

Au demeurant, il ne pouvait souffrir qu'on détractât ou médît d'autrui, jamais il n'accusait les personnes, moins exagérait-il leurs vices, toujours il les excusait. Il disait que l'âme du prochain était un fruit défendu, et qu'il n'était pas permis d'en juger sans contrevenir à la Loi.

P. DE LA RIVIÈRE.

Il était le plus plein de gratitude et d'affabilité envers toutes sortes de personnes. Il obligeait chacun, et n'employait personne que le moins qu'il pouvait, et faisait cela par support et soulagement du prochain. (*Sainte Chantal.*)

BOUQUET SPIRITUEL.

Travaillez pour acquérir la suavité de cœur envers le prochain, le considérant comme l'œuvre de Dieu, qui enfin jouira, s'il plaît à la Bonté céleste, du paradis qui nous est préparé. Et tous ceux que Notre-Seigneur supporte, nous les devons supporter tendrement, avec une grande compassion de leurs infirmités spirituelles.

(*Directeur spirituel.*)

VINGTIÈME JOUR.

Tendresse surnaturelle de son cœur.

—

L'amour qui dévorait le cœur de cet homme tout cœur n'était pas un amour tendre et mol, ains un amour loyal, généreux, magnanime et royal, pareil à celui des Bienheureux qui aiment tant et ne pleurent jamais. P. DE LA RIVIÈRE.

« C'est grand cas, écrivait-il, il n'y a point d'âme au monde que je pense, qui chérisse plus cordialement, tendrement et pour dire le tout à la bonne foi, plus amoureusement que moi et même j'abonde en dilection et ès paroles d'icelle, surtout au commencement. Vous savez que c'est selon la vérité et la variété de ce vrai amour que j'ai aux âmes, car il a plu à Dieu de faire mon cœur ainsi. Mais néanmoins j'aime les âmes indépendantes, vigoureuses et qui ne sont pas efféminées ; car cette si grande tendreté brouille le cœur, l'inquiète et le distrait de l'oraison amoureuse envers Dieu. Comme se peut-il

faire que je sente ces choses, moi qui suis le plus
affectif du monde, comme vous savez? En vérité,
je le sens pourtant; mais c'est merveille comme
j'accommode tout cela ensemble, car il m'est avis
que je n'aime rien du tout que Dieu, et toutes
les âmes pour Dieu.   (*Lettres.*)

BOUQUET SPIRITUEL.

Hélas! qui regarde le prochain hors de la poitrine du Sauveur, il court fortune de ne l'aymer
ny purement, ny constamment, ny également;
mais là, qui ne l'aymerait, qui ne le supporterait,
qui ne souffrirait ses imperfections, qui le trouverait de mauvaise grâce, qui le trouverait ennu-
yeux? Or, il y est ce prochain dans la poitrine du
Sauveur, il est là comme très-aymé, et tant aymable
que l'amant meurt d'amour pour lui.
                              (*Entretiens.*)

VINGT ET UNIÈME JOUR.

Son affabilité.

Il recevait chacun avec un visage égal et gracieux, sans en éconduire un seul, de quelque condition qu'il fût. Il écoutait tout le monde paisiblement et si longtemps que chacun voulait. Vous eussiez dit qu'il n'avait que cela à faire, tant il était patient et attentif, et chacun s'en retournait si content et si satisfait, qu'en vérité l'on était bien aise d'avoir quelque affaire à lui communiquer, afin de jouir de l'extrême douceur et suavité qu'il répandait dans le cœur de ceux qui lui parlaient, et qu'il attirait par ce moyen à une parfaite confiance, surtout quand la communication était des choses de l'âme ; car c'était ses délices de parler de la sainte dévotion et d'exciter tout le monde, s'il eût pu, à la pratiquer, chacun selon sa vocation et condition.

La façon et le parler de ce Bienheureux étaient grandement majestueux et sérieux, mais toutefois le plus humble, le plus doux et naïf que l'on ait jamais vu ; car il était sans art, sans fard et sans contrainte. L'on ne lui entendait jamais dire aucune parole mal à propos, ou qui ressentît la légèreté. Il parlait bas, gravement, posément, doucement et sagement, avec une efficace non pareille, sans recherche de belles paroles ni affectation. Souvent j'ai remarqué qu'il ne disait rien de trop, ni de trop peu, ains ce qu'il était nécessaire, mais en termes si bons qu'il ne s'y pouvait rien ajouter. Il faisait quelquefois de petits contes de récréations, mais avec tant de modestie, que ceux qui les entendaient étaient également récréés et édifiés.　　　　　　　　　*(Dép. de Ste Chantal.)*

BOUQUET SPIRITUEL.

La douce affabilité donne une agréable bienséance à nos conversations sérieuses, affin, d'un costé, que nous ne soyons ni trop blandissants, amadouans et flatteurs, ni, de l'autre, trop aspres, austeres, rebarbatifs, durs, desdaigneux et fascheux, mais qu'avec une condescendance bien assaisonnée nous traitions en paroles, actions et contenances, suavement et amyablement avec le prochain.　　　　　*(Plan de conduite.)*

VINGT-DEUXIÈME JOUR.

Son obéissance.

Certes, notre béni Prélat a été singulièrement riche en la possession de cette belle vertu d'obéissance, tellement que nous pouvons assurer que toute sa vie n'a été qu'un continuel exercice d'obéissance ; car il avait cela de remarquable, entre mille éminentes prérogatives, de préférer ordinairement le jugement des autres à son propre sentiment, et, qui plus est, de faire faire joug à son opinion à celles des moins expérimentés, tant il était docile, souple et peu attaché à ses inclinations.

D'abondant, en une infinité d'occasions il s'abaissait de tant que d'obéir à ses serviteurs et mêmement en des choses indifférentes ; aussi lui échappait-il une fois de dire tout simplement ces paroles, discourant privément avec une personne de confiance : « Je ne fais presque jamais ma volonté.

j'ai plus tôt fait de condescendre au vouloir d'autrui, que d'essayer d'attirer le monde à faire ce que je veux. »   P. de la Rivière.

BOUQUET SPIRITUEL.

O que c'est un grand bien d'estre ainsi pliables et faciles à être tournés à toute main ! Or, non-seulement les Saints nous ont enseigné cette pratique de la soumission de notre volonté ; mais aussi Notre-Seigneur même, tant par exemple que par parole. Mais comment par parole ? Le conseil de l'abnégation de soi-même, qu'est-ce autre chose, sinon renoncer en toute occasion à la propre volonté et à son jugement particulier pour suivre la volonté d'autrui, et se soumettre à tous, excepté toujours ce en quoi l'on offenserait Dieu ?

(Entretien XV. — (De la volonté de Dieu.)

VINGT-TROISIÈME JOUR.

Sa condescendance.

Son obéissance volontaire a été fort remarquable ; en toutes occurrences il en produisait des actes merveilleux. Se rencontrait-il parmi des Évêques ses semblables, là il se tenait coi, là il se ramassait, là il s'assujettissait à quoi qu'ils eussent su désirer, là il leur déférait jusques à leur faire tirer peine. Se trouvait-il parmi ceux qui lui étaient inférieurs, ô Jésus ! comme il s'accommodait à leurs volontés, autant que la raison le permettait, comme il cédait à leurs opinions, comme il pliait le col à leurs humeurs, quoique rudes, quoique revêches, quoique difficiles, sans délai, sans réplique, sans chagrin, pour l'amour de Celui qui pour l'amour de nous s'est fait obéissant jusqu'à la mort de la croix ! P. DE LA RIVIÈRE.

Que n'a-t-il pas fait pour contenter la difficile humeur de Mgr Jean-François, qui était pourtant d'onze ans son cadet ? Quand il fut son coadjuteur il aimait à le faire passer devant lui, à lui céder le pas. Parlant une fois de son penchant à la condescendance envers le prochain, le bon Saint écrivit : « Mgr de Chalcédoine (son frère) m'a corrigé de ce côté-là, et nous vivons avec plus de règle ; mais il m'échappe toujours de faire quelque faute ; et bien que ce soit peu, néanmoins mes vieilles habitudes m'étant imputées, on me compte une faute pour trois. »

BOUQUET SPIRITUEL.

Dieu me commande la charité envers le prochain : c'est une grande charité de se conserver en union les uns avec les autres, et pour cela je ne trouve pas de meilleurs moyens que d'être doux et condescendant ; la douce et humble condescendance doit toujours surnager à toutes nos actions. Dieu manifeste ses volontés par celle de mes frères, et partant j'obéis à Dieu toutes et quantes fois que je leur condescends en quelque chose.

(Entretien XV.)

VINGT-QUATRIÈME JOUR.

Sa prudence.

—

C'est une merveille que de considérer la prudence avec laquelle ce Saint personnage marchait en toutes ses actions. Il n'y avait rien de si arrêté, rien de si avisé, rien de si circonspect ; jamais il ne faisait les choses brusquement, inconsidérément et à la volée. Il prenait volontiers conseil, voire il postposait le plus souvent son jugement à celui d'autrui ; il ne s'empressait point en ses entreprises, il allait pas à pas, il attendait en patience, et, par ainsi, ce qu'il ne pouvait pas gagner aujourd'hui il en venait à bout demain.

Tels étaient les déportements de cet homme singulièrement prudent emmi les affaires desquelles il se mêlait, d'autant qu'il ne procédait point avec faste ; pourvu que Dieu ne fût point offensé, il s'accommodait aux lieux, aux temps, aux personnes, et se laissait facilement persuader aux bonnes raisons qu'on lui alléguait.

Sa prudence provenait des dons que le Saint-Esprit avait communiqués à son âme, et elle lui enseignait de faire tout paisiblement, simplement, sans propre intérêt, de faire tout pour rien, de faire tout pour tout. Partant sa prudence n'avait aucun commerce avec la prudence du siècle, qui ne pense jamais à la conscience, qui ne songe jamais à l'éternité et qui est ennemie de Jésus-Christ.

P. DE LA RIVIÈRE.

BOUQUET SPIRITUEL.

La vraie vertu de prudence doit estre véritablement pratiquée, d'autant qu'elle est comme un sel spirituel qui donne goust et saveur à toutes les autres vertus ; mais elle doit estre tellement pratiquée que la vertu d'une simple confiance surpasse tout. *(Entretien XII.)*

VINGT-CINQUIÈME JOUR.

Sa colombine simplicité.

———

Il haïssait le fard et la feintise, il détestait l'hypocrisie, la naïveté lui agréait souverainement, il portait son cœur en sa bouche et en ses mains, il traitait avec chacun à la franche marguerite. Bref, sa candeur et sincérité ressentait la vraie simplicité colombine.

Or, l'âme de notre béni François nageait à franches coudées dans l'océan des délices intérieures, son esprit volait à tire d'ailes dans le vague spacieux de la solide dévotion, et son cœur sans rétrécissement se dilatait à merveille en la joie du pur amour. Voilà pourquoi il ne faisait rien par force, ains tout par amour ; voilà pourquoi, dis-je, il aimait plus Dieu qu'il ne le craignait.

Il n'était point attaché à ses exercices spirituels, car sans difficulté ni regret il les interrompait quand la nécessité ou la charité du prochain le requérait. Aisément il quittait Dieu pour Dieu, il descendait aussi gaiement par l'échelle de Jacob à l'action, comme joyeusement il montait par icelle à la contemplation. Il ne se mettait en peine de quoi qu'il fît, pourvu que la majesté de son Maître fût servie. Son âme, ne plus ne moins qu'un bel étendard historié des devises du bon plaisir de Dieu, s'ondoyait, se roulait, se pliait et dépliait au gré du vent du Saint-Esprit.

Ce Bienheureux ne dépendait point des correspondances et suavités intérieures au chemin de la vertu, et de là venait qu'il était toujours content, qu'il ne se plaignait jamais, qu'il ne s'inquiétait nullement.　　　　　P. DE LA RIVIÈRE.

BOUQUET SPIRITUEL.

L'âme vraiment colombine, c'est-à-dire qui aime chèrement Dieu, s'applique tout simplement, sans empressement, aux moyens qui lui sont prescrits pour se perfectionner, sans en chercher d'autres. Mon Bien-Aimé, dit-elle, pense pour moi et je m'y confie.　　　　*(Entretiens)*

VINGT-SIXIÈME JOUR.

Sa résignation.

Toute la vie de ce Bienheureux homme a été un continuel exercice de résignation au bon plaisir de Dieu. Il y était tellement habitué, que jamais, par acte formellement contraire, il ne désavouait la résolution qu'il avait faite de persévérer en la pratique de cette noble vertu. Au milieu des sinistres accidents, son cœur demeurait immobile, et jetant ses yeux sur l'équité des jugements divins, il s'y attachait amoureusement et baisait humblement les verges avec lesquelles son bon Maître le voulait éprouver. Quelques étreintes qu'il sentît en sa portion inférieure, toujours il acquiesçait doucement en la suprême pointe de son esprit aux adorables décrets de l'éternelle Bonté.

P. DE LA RIVIÈRE.

« Il faut, écrivit-il, que je dise ce petit mot de confiance : Il n'y a homme au monde qui ait le ressentiment plus vif aux séparations : néanmoins je tiens pour si peu de chose la vanité de cette vie que nous menons, que jamais je ne me retourne à Dieu avec plus de sentiments d'amour que quand il m'a frappé, ou quand il a permis que je sois frappé.

« J'ai accoutumé de dire à toutes les âmes qui s'adressent à moi, qu'il faut élever le cœur en haut, ainsi que dit la sainte Église au saint sacrifice. »   (*Lettres.*)

BOUQUET SPIRITUEL.

Il ne faut pas seulement agréer que Dieu nous frappe, mais il faut acquiescer que ce soit sur l'endroit qu'il lui plaira.   (*Lettres.*)

VINGT-SEPTIÈME JOUR.

Sa pauvreté.

À un entier mépris des richesses terriennes, il ajoutait un grand dépouillement de soi-même, lequel lui avait ôté la vue des commodités qu'il eût pu prendre légitimement et des incommodités qu'il recevait journellement. Voilà pourquoi il ne demandait jamais ou chemise blanche ou chapeau, ou souliers, ou soutane, ou manteau neufs, ains vêtait simplement ceux que son homme de chambre lui présentait.

Allant aux champs, il souffrait très-volontiers les mésaises qui se rencontraient, sans se plaindre ni de la chétivité des villages, ni de la mesquinerie des hôtelleries, ni des chambres et des lits mal parés, ni des viandes et du mauvais service, ni du chemin fâcheux, ni de la pluie. Il se laissait conduire comme un paisible agneau par celui qui avait le soin du voyage, et était joyeux intérieurement, endurant de la sorte d'avoir occasion d'exercer la vertu de pauvreté, et, pour témoigner combien il la chérissait, il aimait tendrement les pauvres et notamment ceux desquels la pauvreté était vile, abjecte et rebutée.

Au demeurant, il méprisait tout ce qui est caduc et périssable : honneurs, richesses, dignités ne le chatouillaient en manière quelconque, son cœur en était parfaitement dépris. Il n'aspirait qu'à la glorieuse opulence de l'éternité, laquelle le ravissait tellement hors des choses du monde et de soi-même, qu'il ne se souciait de rien, voire il oubliait tout.　　　　　*(Un ancien auteur.)*

———

BOUQUET SPIRITUEL.

« Quiconque a son cœur au ciel ne se met point en peine des choses de la terre .. Mon plus grand désir, c'est de manquer de quelque chose du nécessaire pour imiter Jésus-Christ, le Roi des pauvres, et je ne me trouve jamais mieux que quand je suis moins bien. »

(Paroles de s. Fr. de Sales. Dép. de M. Legay.)

———

VINGT-HUITIÈME JOUR.

Sa mortification.

—

Saint Antoine de Padoue apparut une fois au Bienheureux en l'église des Cordeliers d'Evian et lui dit : « Tu désireras comme moi le martyre et ne l'obtiendras pas, il faut que tu sois l'instrument de ton propre martyre. » — « Dès ce soir-là, avoua notre bienheureux Prélat, je pris la résolution de me mortifier et de faire valoir toutes les petites et grandes occasions de pratiquer les vertus chrétiennes. » De cette affection et de cette application venait la grande perfection avec laquelle il faisait toutes choses, petites et grandes : et il disait souvent que tout ce qui nous contrarie, nous assujettit et nous afflige, doit être regardé comme notre capture et notre martyre chrétien, et non sanglant, mais non moins plaisant à Celui dont la Providence ne nous met pas dans de plus grandes occasions de souffrir d'autres martyres. « Enfin, ajouta-t-il, assez est martyr qui bien se mortifie, mais ceux qui ne se mortifient pas eux-mêmes, ou qui reçoivent vicieusement les tribulations qui leur viennent de la part d'autrui, je ne sais quel rang ils prétendent dans le royaume de Dieu, puisqu'ils ne seront ni martyrs, ni confesseurs. »

(La Mère F.-M. de Chaugy.)

BOUQUET SPIRITUEL.

Il faut mourir afin que Dieu vive en nous : car il est impossible d'arriver à l'union de nostre âme avec Dieu par une autre voie que par la mortification. *(Entretien XX.)*

VINGT-NEUVIÈME JOUR.

Sa force d'âme.

———

Ce Bienheureux était si ferme et si constant en ce que la raison lui dictait être nécessaire, que toutes les secousses de l'enfer ne l'eussent su ébranler. Et à dire le vrai, encore qu'il ne fît point paraître extérieurement un zèle impétueux, empressé, impatient et violent, il avait pourtant une générosité merveilleuse et une magnanimité de courage invincible. **P. DE LA RIVIÈRE.**

C'était l'âme la plus hardie, la plus généreuse et puissante à supporter les charges et travaux et à poursuivre les entreprises que Dieu lui inspirait, que l'on ait su voir. Jamais il n'en démordait et disait que, quand Notre-Seigneur nous commet une affaire, il ne la fallait point abandonner, mais avoir le courage de vaincre toutes les difficultés.

Certes, c'est une grande force d'esprit que de persévérer au bien comme notre Saint a fait. Qui l'a jamais vu se détraquer, ni perdre un seul brin de sa modestie? Qui a vu sa patience ébranlée, ni son âme altérée contre qui que ce soit? Aussi avait-il un cœur tout à fait innocent. Jamais il ne fit aucun acte par malice ou amertume de cœur. Non, certes, jamais a-t-on vu un cœur si doux, si humble, si débonnaire, gracieux et affable qu'était le sien.

(Sainte Chantal.)

BOUQUET SPIRITUEL.

Et c'est en quoy consiste le don de force et la grandeur de courage, de se surmonter soi-même pour s'assujettir à Dieu, en mortifiant et retranchant de nostre esprit toutes les superfluités et imperfections que produit nostre amour-propre, sans aucune réserve, pour petites qu'elles soient, entreprenant courageusement de parvenir à la plus haute perfection, sans craindre les difficultés qu'il y a de l'acquérir.

(3e Sermon pour la Pentecôte.)

TRENTIÈME JOUR.

Portrait de son intérieur.

O Jésus! que l'ordre que Dieu avait mis en cette bienheureuse âme était admirable! Tout était si rangé, si calme et la lumière de Dieu si claire, qu'il voyait jusqu'aux moindres atomes de ses mouvements.

Il avait une vue si pénétrante pour les choses de la perfection de l'esprit, qu'il discernait d'entre les choses les plus délicates et épurées : et jamais cette pure âme ne souffrait volontairement ce qu'elle voyait de moins parfait, car son amour plein de zèle ne le lui eût pas permis. Ce n'est pas qu'il ne commît quelque imperfection, mais c'était par pure surprise et infirmité! Mais qu'il en eût laissé attacher une seule à son cœur, pour petite qu'elle fût, je ne l'ai pas connu : au contraire, cette âme était plus pure que le soleil et plus blanche que la neige en ses actions, en ses résolutions, en ses desseins. Enfin ce n'était que pureté, qu'humilité, simplicité et unité d'esprit avec son Dieu.

Mon Dieu! oserai-je le dire? Je le dis, s'il se peut. Il me semble naïvement que mon bienheureux Père était une image vivante en laquelle le Fils de Dieu, Notre-Seigneur, était peint, car véritablement l'ordre et l'économie de cette sainte âme était tout à fait surnaturelle et divine.

(Sainte Chantal.)

BOUQUET SPIRITUEL.

Vivre selon l'esprit, c'est penser, parler, opérer selon les vertus qui sont en l'esprit et non selon les sens et sentiments qui sont en la chair. Quelles sont ces vertus de l'esprit? C'est la foi, qui nous montre des vérités toutes relevées au-dessus des sens : l'espérance, qui nous fait aspirer à des biens invisibles ; la charité, qui nous fait aymer Dieu plus que tout et nostre prochain comme nous-mesmes, non d'un amour sensuel, naturel et intéressé, mais d'un amour pur, solide, qui a son fondement en Dieu. *(Directeur spirituel.)*

TRENTE ET UNIÈME JOUR.

Portrait de son extérieur et conclusion.

Concluons : François de Sales était un homme grand par toutes sortes de titres, à soi seul petit et humble. Il avait le corps droit et robuste, la taille riche, les épaules larges, la couleur vive, la tête grande et pleine et presque toute chauve, les cheveux fromentés et châtains, le front large et plein, les sourcils élevés et bien courbés, les yeux bleus, le nez bien pourfilé et irrépréhensible, les joues vermeilles, la bouche ronde, la barbe large et moyennement longue, la voix grave, la parole tardive, les mains pleines et fermes, le marcher lent et pesant, les gestes nobles et naïfs et ses habits toujours très-propres.

Quant à ce qui est de l'intérieur, c'était un homme de profonde cogitation, d'un jugement très-mûr, d'un esprit très-tranquille, que jamais aucun mortel n'a pu troubler : et tellement bien disposé et ordonné, que ce qu'il avait à faire aujourd'hui, jamais il ne le dilayait au lendemain, et ce qu'il avait à faire le lendemain, rarement le faisait-il aujourd'hui, sinon par le dictamen de la prudence : ennemi de l'empressement, patient de tout, qui ne méprisait pas la moindre chose, pour petite qu'elle fût ; doux et facile envers les petits enfants, et enfin parfait et accompli de tout point, de sorte qu'il a été véritablement le sel de la terre, la lumière du monde et cette lampe mise sur le chandelier afin d'éclairer tous ceux qui sont en la maison.

(*Charles-Auguste de Sales.*)

« O mon doux, ô mon aimable Père ! ne voulez-vous donc pas bien que du profond de mon cœur je tire ces élans : Puisse à jamais mon âme imiter vos vertus ! Puisse à jamais mon âme courir après vos parfums ! Puisse à jamais mon âme aimer votre douceur, votre mansuétude et votre colombine simplicité ! » P. DE LA RIVIÈRE.

BOUQUET SPIRITUEL.

Lisez les histoires et vies des Saincts, esquelles, comme dans un mirouer, vous verrez le pourtraict de la vie chrestienne, et accommodez leurs actions à vostre profit selon vostre vocation.

(*Vie dévote.* 2ᵉ partie, chap. XVII.)

LITANIES
DE SAINT FRANÇOIS DE SALES
APPROUVÉES PAR LE SAINT-SIÉGE (1).

Seigneur, ayez pitié de nous.

Jésus-Christ, ayez pitié de nous.

Seigneur, ayez pitié de nous.

Jésus-Christ, écoutez-nous.

Jésus-Christ, exaucez-nous.

Père céleste, qui êtes Dieu, ayez pitié de nous.

Fils Rédempteur du monde, qui êtes Dieu, ayez pitié de nous.

(1) Ces *Litanies* se trouvent déjà dans des *Heures* imprimées en 1665, l'année même de la canonisation du bienheureux Évêque de Genève. Tout porte à croire qu'elles sont précisément les *Litanies* composées avant sa béatification, vers 1630, par la Mère de Chaugy, adoptées par sainte Chantal, approuvées par Dom Juste Guérin pour la récitation privée, et agréées par le Pape Alexandre VII.

(Voir les *Lettres de la Mère de Chaugy.*)

Esprit-Saint, qui êtes Dieu, ayez pitié de nous.

Trinité sainte, qui êtes un seul Dieu, ayez pitié de nous.

Saint François, pontife admirable, priez pour nous.

Saint François, bien-aimé de Dieu,

Saint François, imitateur de Jésus-Christ,

Saint François, rempli des dons du Seigneur,

Saint François, favori de la Mère de Dieu,

Saint François, le plus dévot des Saints,

Saint François, tout embrasé d'amour pour la croix du Sauveur,

Saint François, très-uni à la divine volonté,

Saint François, vase d'élection,

Saint François, lumière de l'Église,

Saint François, modèle accompli de religion,

Saint François, source de sagesse,

Saint François, défenseur de la foi catholique,

Saint François, bon pasteur de votre peuple,

Saint François, prédicateur incomparable,

Saint François, fléau de l'hérésie,

Saint François, sel de la terre,

Saint François, type de justice,

Saint François, miroir d'humilité,

Saint François, contempteur du monde,

Saint François, ami de la pauvreté,

Saint François, idéal de douceur,

Saint François, triomphateur des passions de la chair, priez pour nous.

Saint François, terreur des démons, priez pour nous.

Saint François, miséricordieux soutien des pénitents,

Saint François, refuge des pécheurs,

Saint François, providence des pauvres,

Saint François, consolateur des affligés,

Saint François, exemplaire de la perfection,

Saint François, arche de sainteté,

Saint François, imitateur de la pureté des anges,

Saint François, chérubin par la sagesse,

Saint François, séraphin par l'amour,

Saint François, notre saint patriarche,

Saint François, notre douce lumière,

Saint François, notre puissant protecteur,

Saint François, notre guide dans les voies de Dieu,

Saint François, notre refuge,

Saint François, émule des anges,

Saint François, imitateur des apôtres,

Saint François, associé à la gloire des martyrs,

Saint François, gloire des saints confesseurs,

Saint François, docteur et directeur des vierges,

Saint François, concitoyen glorieux de tous les Saints, priez pour nous.

Agneau de Dieu, qui effacez les péchés du monde, pardonnez-nous, Seigneur.

Agneau de Dieu, qui effacez les péchés du monde, exaucez-nous, Seigneur.

Agneau de Dieu, qui effacez les péchés du monde,
ayez pitié de nous, Seigneur.

℣. Saint François de Sales, priez pour nous,

℟. Afin que nous devenions dignes des promesses
de Jésus-Christ.

OREMUS (1).

Deus, qui ad animarum salutem, beatum Franciscum, confessorem tuum atque pontificem, omnibus omnia factum esse voluisti : concede propitius, ut charitatis tuæ dulcedine perfusi, ejus dirigentibus monitis ac suffragantibus meritis, æterna gaudia consequamur ; per Dominum nostrum Jesum Chris-

PRIONS.

O Dieu, qui avez voulu que le bienheureux François, votre confesseur et pontife, se fît tout à tous pour le salut des âmes, répandez dans nos cœurs la douceur de votre charité, et faites, par votre grâce, que, sous la direction de ce grand Saint et sous la protection de ses mérites, nous nous rendions dignes des joies éternelles ; par Notre-Seigneur

(1) Cette *Oraison* a été composée par Alexandre VII lui-même. Il la remit, écrite de sa propre main, avec le bref de béatification de notre Saint, à Monseigneur l'Evêque du Puy, le 28 décembre 1661, en présence du Père de Chaugy.

(*Lettres inédites du Père de Chaugy.*)

Jésus-Christ. votre Fils,
qui, étant Dieu, vit et rè-
gne avec vous en l'unité du
Saint-Esprit, dans tous les
siècles des siècles.

Ainsi soit-il.

tum Filium tuum, qui
tecum vivit et regnat
in unitate Spiritus Sancti
Deus, per omnia sæcula
sæculorum.

Amen.

PRIÈRES

A SAINT FRANÇOIS DE SALES.

1. — Je vous salue, glorieux saint François de Sales, notre Père, je révère votre pieuse et innocente enfance, présage de votre sainte vie et des vertus qui devaient l'embellir. Veillez, je vous en supplie, sur tous les enfants de la sainte Église, obtenez-leur la conservation de l'innocence baptismale, ou la grâce de la recouvrer promptement par une ardente et parfaite contrition.

Gloria Patri, etc.

2. — Je vous salue, glorieux saint François de Sales, notre Père, vous dont la jeunesse admirable fut un spectacle digne des Cieux. Soyez le protecteur fidèle comme vous êtes le modèle parfait de la jeunesse chrétienne ; obtenez à toutes les jeunes

âmes d'imiter votre ardente piété, votre pureté angé‑
lique, votre éloignement du monde et votre recours
filial à la Mère de Dieu au milieu des tentations.

Gloria Patri, etc.

3. — Je vous salue, glorieux saint François de
Sales, notre Père, modèle des saints ministres du
Seigneur, Prêtre par excellence, vous qui, en en‑
trant au service des autels, avez dit, comme le
Prophète royal : O Seigneur, vous qui êtes la
portion de mon héritage ! obtenez de Dieu, je vous
en supplie, pour tous les ministres de la sainte
Église, une abondante participation à votre esprit
sacerdotal, afin que leurs œuvres et leur sainte vie
glorifient le Seigneur tout-puissant.

Gloria Patri, etc.

4. — Je vous salue, glorieux saint François de
Sales, notre Père, apôtre infatigable et dévoué,
qui, au prix de vos sueurs et de votre sang, avez
ramené au bercail de la sainte Église un si grand
nombre de brebis égarées ; protégez vos succes‑
seurs, nos zélés missionnaires, qui portent, comme
vous, la bonne nouvelle aux peuples couchés à
l'ombre de la mort ; obtenez, par vos prières, que
leurs travaux soient bénis de Dieu, et que le
nombre des enfants de la sainte Église s'accroisse
chaque jour.

Gloria Patri, etc.

5. — Je vous salue, glorieux saint François de Sales, notre Père, très-digne Pontife, chéri de Dieu et des hommes, qui avez éclairé et réchauffé le monde par votre admirable doctrine et par vos saints exemples. Vous qui fûtes un fils si dévoué du suprême Pontife, Vicaire de Jésus-Christ, obtenez de Dieu, par vos prières, le triomphe de la sainte Église Romaine, et répandez sur le corps vénérable de l'Épiscopat votre double esprit de force et de douceur.

Gloria Patri, etc.

6. — Je vous salue, glorieux saint François de Sales, notre Père, instituteur et fondateur du saint Ordre de la Visitation, destiné à honorer et à retracer les vertus favorites du Cœur de Jésus ; obtenez à tous les Ordres religieux en général, et à votre cher Institut de la Visitation en particulier, que chacun de leurs membres se sanctifie par l'exacte et ponctuelle observance de leurs règles, selon la lettre et selon l'esprit.

Gloria Patri, etc.

7. — Je vous salue, glorieux saint François de Sales, notre Père, admirable Directeur des âmes, qui avez puisé, ainsi que le disciple bien-aimé, dans le Cœur même de Jésus-Christ, votre lumineuse doctrine et vos saints enseignements :

obtenez à tous les chrétiens la grâce de la vraie dévotion, de la générosité au service de Dieu, avec les vertus de douceur, d'humilité, de simplicité, et l'abandon parfait entre les mains de Dieu.

Gloria Patri, etc.

TABLE.

Annecy. — Impr. Ch. Burdet.